ROMPE
LA CÁSCARA

Liberando Tu Poder Interior Para Transformar La Realidad

Colección Deluxe

Por
Neville Goddard
Imaginatio Divina Media

Publicado en 2024 por Imaginatio Divina Media.

Sitio web: www.imaginatiodivinamedia.com

ISBN: 979-8-3304-9598-6

Contenido

RESUMEN
DE *ROMPE LA CÁSCARA*:

Goddard describe cuatro actos principales a través de los cuales Dios desvela su imagen divina en la conciencia humana. Estos actos simbolizan la transformación del individuo, enraizada en la resurrección espiritual, la autorrealización y un nuevo nacimiento en la conciencia divina. El proceso comienza con la resurrección de un estado de inconsciencia, el despertar dentro del yo, y progresa a través de la realización de la propia identidad verdadera como Dios. Cada uno de los cuatro actos del despertar revela una comprensión más profunda de la relación entre el hombre y Dios, que culmina en la unidad divina.

Las ideas clave incluyen:

1. Resurrección: Dios despierta en el hombre, desvelando la imagen divina, simbolizando el renacimiento espiritual y la comprensión de que la resurrección ocurre dentro de uno mismo.

2. Paternidad de Dios y Hermandad del Hombre: El descubrimiento de la filiación divina, simbolizada por la figura de David, representa una relación eterna y espiritual.

3. Unidad divina: A través de experiencias sobrenaturales, el hombre se da cuenta de su unidad con Dios.

4. Plenitud: El acto final de satisfacción divina, en el que la imagen de Dios se realiza plenamente en el hombre, simbolizado por el descenso de la paloma.

Estas ideas reflejan las enseñanzas de Goddard de que la imaginación da forma a la realidad y, a través del despertar espiritual, uno se da cuenta de su divinidad inherente.

CONTEXTO MODERNO
DE *ROMPE LA CÁSCARA*:

Los principios de Neville Goddard pueden relacionarse con temas contemporáneos como la neurociencia, la atención plena y la ley de la atracción, que ofrecen fundamentos actuales para sus enseñanzas espirituales.

1. Neurociencia del pensamiento y la imaginación: Goddard enfatizaba el poder de la imaginación para moldear la realidad, un concepto del que se hacen eco los estudios actuales sobre neuroplasticidad. La investigación neurocientífica ha demostrado que el cerebro puede recablearse mediante pensamientos repetitivos y visualizaciones, lo que concuerda con la idea de Goddard de que imaginar resultados específicos puede crear esas realidades. Esto conecta su trabajo con la psicología positiva moderna, donde los patrones de pensamiento influyen en el bienestar emocional y físico.

2. Atención y conciencia plena: Goddard enseñó que los individuos deben despertar a lo divino dentro de sí mismos. Esto resuena con las prácticas de atención plena, que fomentan una mayor conciencia del momento presente y una conexión profunda con uno mismo. Al igual que la práctica de Goddard de "vivir en el final", la atención plena invita a los individuos a encarnar sus deseos como si ya se hubieran logrado, reforzando el estado mental y emocional necesario para la manifestación.

3. Ley de la atracción: Las enseñanzas de Goddard se asocian a menudo con la ley de la atracción, que sugiere que los individuos atraen aquello en lo que se centran a través de sus pensamientos y emociones. La idea de que la imaginación crea la realidad es fundamental tanto para la filosofía de Goddard como para la interpretación moderna de la ley de la atracción, popularizada por libros como El Secreto. La explicación espiritual de Goddard sobre cómo las creencias y las suposiciones determinan los resultados encaja con el movimiento contemporáneo de autoayuda que fomenta el pensamiento positivo para atraer el éxito, el amor y la prosperidad.

Estas conexiones modernas ofrecen un puente entre las ideas metafísicas de Goddard y las prácticas con respaldo científico, lo que hace que sus enseñanzas sean más accesibles para el público actual interesado tanto en la espiritualidad como en la psicología.

ROMPE LA CÁSCARA

Por Neville Goddard
(1964)

INTRODUCCIÓN

"¡Enséñame, oh Espíritu Santo, el Testimonio de Jesús! ¡Déjame comprender cosas maravillosas de la Ley Divina!

BLAKE: JERUSALEM PL. 74.

"No soy más que un consiervo tuyo y de tus hermanos que dan testimonio de Jesús.

APOCALIPSIS 19:10

"Llevad mi yugo sobre vosotros y aprended de mí

MAT. 11:29

"El yugo de la ley" es una expresión rabínica común para referirse al estudio de las Escrituras. "Jesucristo el testigo fiel, el primogénito de los muertos" (Ap. 1:5) propone un intercambio de las Escrituras basadas en su propia experiencia personal por otras basadas puramente en la especulación.

ROMPE LA CÁSCARA

Es muy difícil para el hombre cambiar su comprensión del significado de un acontecimiento, una vez que las viejas interpretaciones aceptadas se han fijado rígidamente en su mente. Pero los cuatro actos de Dios que velan su "Imagen" ("Hagamos al hombre a nuestra imagen y semejanza" - Gn. 1:26) aparecen en perspectiva bajo una luz muy distinta de la que realmente se les ve en retrospectiva.

La Resurrección es el primer acto de Dios en la revelación de su "Imagen". Se cumple de una manera que el hombre nunca habría podido adivinar, mediante un despertar en su cráneo, no al final de su historia, sino dentro de su historia. La resurrección es un acontecimiento que sucede dentro de la vida terrena del hombre. Nuestra vida humana tiene su significado sólo y siempre en relación con nuestra resurrección. El hombre así despertado es "declarado Hijo de Dios por un hecho poderoso, al resucitar de entre los muertos; se trata de Jesucristo, Señor nuestro" (Rom. 1, 4).

La participación en la vida del siglo venidero depende del acto de Dios de despertar a los muertos.

Resucitamos uno a uno para unirnos en un solo Hombre, que es Dios:

"Y el Señor será rey sobre toda la tierra; aquel día el Señor será uno y su nombre uno".

ZEC. 14:9

La resurrección es una experiencia individual, un despertar en el propio cráneo, seguido instantáneamente por un nacimiento sobrenatural de su cráneo, un nacimiento privilegiado en una nueva creación. Esto se efectúa sólo por la gracia de Dios; y sólo de tal despertar usa el Nuevo Testamento el término "la resurrección." Todos los demás hombres, aparte de los resucitados, son, al morir, restaurados a la vida sólo para morir de nuevo.

"Se le acercaron unos saduceos, los que dicen que no hay resurrección, y le hicieron una pregunta, diciendo: Maestro, Moisés nos escribió que si el hermano de un hombre muere, teniendo mujer y sin hijos, el hombre debe tomar la mujer y criar hijos para su hermano. Y había siete hermanos; el primero tomó mujer, y murió sin hijos; y el segundo y el tercero la tomaron, y asimismo los siete no dejaron hijos y murieron. Después murió también la mujer. En la resurrección, pues, ¿de quién será esposa la mujer? Porque los siete la tuvieron por mujer. Y Jesús les dijo: Los hijos de este siglo se casan y se dan en casamiento; pero los que son tenidos por dignos de llegar a aquel siglo y a la resurrección de entre los muertos, ni se casan ni se dan en casamiento, porque ya no pueden morir, porque son iguales a los ángeles y son hijos de Dios, siendo hijos de la resurrección."

LUCAS 20: 27-36

"Él ha despertado del sueño de la vida 'Somos nosotros, que perdidos en visiones tormentosas, mantenemos Con fantasmas una lucha inútil.

SHELLEY

El propósito de Dios no consiste en hacer evolucionar el orden natural, sino en despertar a sus hijos asociados a él.

Porque el universo creado espera con ansia que se manifiesten los hijos de Dios".

ROM. 8:19

"No penséis que he venido a abolir la Ley y los Profetas; no he venido a abolir, sino a completar. Os digo una cosa: mientras duren el cielo y la tierra, no desaparecerá de la Ley ni una letra, ni una tilde, hasta que haya sucedido todo lo que tiene que suceder".

MATEO 5: 17-18

"Mi tarea es dar testimonio de la verdad. Para esto nací; para esto vine al mundo, y todos los que no son sordos a la verdad escuchan mi voz.

JUAN 18 37-38

"Estuve muerto y ahora estoy vivo por los siglos de los siglos.

APOCALIPSIS 1:18

"Jesucristo, el testigo fiel, el primogénito de entre los muertos.

APOCALIPSIS 1:5

El testimonio de Jesús debe ser escuchado y respondido. Algunos se convencerán por lo que dice, mientras que otros no creerán. El testimonio de Jesús no puede ser inducido a voluntad. Es la revelación de la Imagen de Dios. Este despertar repentino y completamente inesperado en el cráneo de uno, para descubrir que es un sepulcro en el que habías estado enterrado, es desconcertante y desconcertante.

La Resurrección es el primer acto de Dios en la revelación de su deseo primigenio: "Hagamos al hombre a nuestra imagen y semejanza" (Gn 1,26).

"El que comenzó en vosotros la buena obra, la llevará a término en el Día de Jesucristo".

FIL. 1:6

Jesucristo es "la imagen del Dios invisible" (Col. 1:15). La obra de Dios en ti se completará cuando "tomes la forma de Cristo" (Gal. 4:19). Entonces serás despertado y resucitado de entre los muertos.

PREGUNTAS Y RESPUESTAS DE REFLEXIÓN

1. ¿Qué significa "despertar" en el contexto de la resurrección tal como se describe en el texto?

- **Respuesta:** "Despertar" significa una toma de conciencia transformadora de la verdadera identidad y conexión con Dios. Este despertar no es un mero acontecimiento físico, sino una iluminación espiritual que conduce a una nueva comprensión de la vida, el propósito y la existencia en relación con la imagen de Dios. Invita a los creyentes a ver sus vidas como parte de una narrativa divina mayor, donde sus experiencias están entrelazadas con la resurrección de Jesús.

-

2. ¿Cómo desafía el concepto de resurrección las visiones tradicionales de la vida después de la muerte?

- **Respuesta:** Las visiones tradicionales suelen representar la resurrección como un evento futuro que ocurre después de la muerte. Sin embargo, el texto sugiere que la resurrección es un proceso continuo que ocurre dentro de la vida terrenal de uno, enfatizando la inmediatez y accesibilidad del despertar divino. Esta perspectiva desafía a los creyentes a reevaluar su comprensión de la vida, alentándolos a ver su existencia actual como intrínsecamente vinculada a la resurrección y la transformación, en lugar de una esperanza lejana.

-

3. ¿De qué manera el testimonio de Jesús puede verse como un desafío y una invitación al mismo tiempo?

- Respuesta: El testimonio de Jesús plantea un desafío a la complacencia y a las nociones preconcebidas sobre la fe, instando a las personas a confrontar su comprensión de la verdad y de la existencia. Al mismo tiempo, sirve como una invitación a entrar en una relación más profunda con Dios y a explorar los profundos misterios del amor divino y del despertar. Esta dualidad alienta a los creyentes a comprometerse activamente con su fe, buscando una experiencia personal y transformadora en lugar de confiar únicamente en creencias heredadas.

-

4. ¿Qué papel juega la experiencia personal en la comprensión de las Escrituras, según el texto?

- Respuesta: La experiencia personal es fundamental para comprender las Escrituras, ya que el texto postula que Jesús ofrece una interpretación basada en su experiencia vivida, más que en una teología especulativa. Este enfoque invita a los creyentes a interactuar con las Escrituras a través de la lente de sus propias experiencias, lo que conduce a una comprensión más profunda y personal del mensaje de Dios. Destaca la importancia del conocimiento experiencial en la fe, alentando a los creyentes a presenciar y dar testimonio de sus propios encuentros con lo divino.

-

5. ¿Cómo puede uno participar activamente en la "revelación de la imagen de Dios" dentro de sí mismo?

- Respuesta: La participación activa en la revelación de la imagen de Dios implica prácticas intencionales como la oración, la meditación y el estudio profundo de las Escrituras. Requiere apertura al movimiento del Espíritu Santo y la voluntad de aceptar la transformación, dejándose moldear a la semejanza de Cristo. La participación en la comunidad y la comunión con otros creyentes también puede fomentar el crecimiento y la responsabilidad, apoyando a las personas en su camino hacia el despertar y la comprensión de su propósito divino.

-

6. ¿Cuál es el significado de la frase "el yugo de la ley", y cómo se relaciona con el estudio de las Escrituras?

- **Respuesta:** La frase "el yugo de la ley" significa la responsabilidad y el compromiso de estudiar y vivir conforme a las Escrituras. Indica que comprender la palabra de Dios no es una carga, sino un medio para acercarse a Él y vivir en armonía con los principios divinos. Esta conexión resalta la necesidad del estudio de las Escrituras como un camino hacia el despertar, a medida que los creyentes aprenden a vivir sus vidas de acuerdo con las enseñanzas y revelaciones de Dios.

-

7. ¿Por qué es importante distinguir entre la mera resurrección física y la resurrección descrita en el texto?

- **Respuesta:** Es fundamental distinguir entre la resurrección meramente física y la resurrección descrita en el texto, porque esta última pone énfasis en un despertar espiritual que conduce a una vida transformada. La resurrección, tal como se expresa aquí, trasciende la existencia física y llama a las personas a una comprensión más profunda de su identidad y su relación con Dios. Reconocer esta distinción alienta a los creyentes a buscar un compromiso más significativo con su fe, centrándose en el crecimiento y la transformación espiritual en lugar de simplemente en la esperanza de una vida después de la muerte.

PRIMER ACTO

El primer acto por el que Dios desvela "al Hijo que es la refulgencia del esplendor de Dios y la impronta del ser mismo de Dios" (Heb. 1,3) es un acto doble. Despierta al durmiente y lo saca de su calavera: Nace de nuevo.

"Despierta, durmiente,
Levántate de entre los muertos
Y Cristo resplandecerá sobre ti.

EFESIOS 5:14

Ha nacido "de nuevo... por la resurrección de Jesucristo de entre los muertos, y para una herencia incorruptible, incontaminada e inmarcesible, guardada en los cielos para él" (I Pedro 1: 3-4).

El "nuevo nacimiento" sigue a "la resurrección".

"La carne sólo puede dar a luz a la carne; es el espíritu el que da a luz al espíritu. No debéis asombraros, pues, cuando os digo que debéis nacer de nuevo. El viento sopla donde quiere; oyes su sonido, pero no sabes de dónde viene ni adónde va. Así sucede con todo el que nace del espíritu.

JUAN 3: 6-8

El hombre despierta dentro de su cráneo para descubrir que está sepultado en él. Intuitivamente sabe que si empuja la base del cráneo se hará una abertura y saldrá. Empuja la base, encuentra una abertura y sale por la cabeza de la misma manera que nace un niño. Mientras contempla el cráneo del que acaba de salir, de repente se oye un ruido como el de un fuerte viento que inunda toda la habitación; oye su sonido, pero no sabe "de dónde viene ni adónde va". El sonido del viento desvía por un momento su atención del cuerpo del que acaba de salir. Cuando vuelve la vista hacia el cuerpo, se sorprende al ver que éste ha sido retirado y en su lugar se sientan tres hombres; uno se sienta donde estaba la cabeza y dos se sientan donde estaban los pies.

Ellos también oyen el sonido del poderoso viento, pero no saben "de dónde viene ni adónde va". No ven al hombre que nace de su cráneo pero encuentran la señal de su nacimiento; un bebé envuelto en pañales tendido en el suelo.

"Hoy, en la ciudad de David, os ha nacido un libertador: el Mesías, el Señor. Y ésta es vuestra señal: encontraréis un niño acostado, envuelto en pañales, en un pesebre.

LUCAS 2: 11-12

Encuentran la señal de su nacimiento, pero no al dos veces nacido, pues ahora es "declarado Hijo de Dios por un hecho poderoso, al haber resucitado de entre los muertos". (Rom. 1-4).

"Mi Padre y yo somos uno.

JUAN 10:30)

PREGUNTAS Y RESPUESTAS DE REFLEXIÓN

1. ¿Qué significa "despertar" del sueño de la ignorancia, como se menciona en Efesios 5:14?

- Respuesta: Estar "despertado" significa una profunda comprensión del propio estado espiritual y de la propia identidad en Cristo. Este despertar conduce a una transformación de la percepción, en la que las personas reconocen su necesidad de la verdad y la conexión divinas. Es una invitación a ir más allá de la complacencia y a comprometerse activamente con la fe, permitiendo que la luz de Cristo ilumine su comprensión y guíe sus acciones.

-

2. ¿Cómo se relaciona el concepto de "nacer de nuevo" con la idea de resurrección en el texto?

- Respuesta: "Nacer de nuevo" está intrínsecamente ligado al concepto de resurrección, pues significa una experiencia transformadora que trasciende la vida física. El texto sugiere que la resurrección es el prerrequisito para este nuevo nacimiento, indicando que primero se debe experimentar el despertar espiritual a través de la resurrección de Cristo para recibir una identidad nueva y eterna. Este nuevo nacimiento se caracteriza por un cambio de la carne al espíritu, marcando el comienzo de una vida renovada en Cristo.

-

3. ¿Qué significado tiene la imagen de emerger del cráneo en el contexto del despertar espiritual?

- **Respuesta:** La imagen de emerger del cráneo representa la liberación de los confines de la limitada comprensión humana y de las viejas interpretaciones del yo y de la existencia. Simboliza un viaje transformador en el que uno reconoce su atrapamiento en las percepciones mundanas y experimenta un profundo despertar a una nueva realidad. Este acto de emerger transmite la idea de desprenderse de las viejas identidades y abrazar la plenitud de la vida que proviene del Espíritu.

-

4. ¿De qué manera el nacimiento del "hombre nacido dos veces" simboliza una verdad espiritual más profunda?

- **Respuesta:** El nacimiento del "hombre nacido dos veces" simboliza la realización de la naturaleza divina y la identidad de uno como hijo de Dios. Representa la transición de una existencia puramente física a una vida imbuida de significado y propósito espiritual. Esta transformación subraya la creencia de que la verdadera identidad se encuentra en la unidad con Cristo, lo que refleja la idea de que a través de la resurrección, a los creyentes se les concede una nueva perspectiva y un propósito que se alinea con la voluntad de Dios.

-

5. ¿Cómo se puede interpretar la experiencia del viento, tal como se describe en el texto, en relación con el Espíritu Santo?

- **Respuesta:** El sonido del viento simboliza la presencia y el movimiento del Espíritu Santo, destacando la naturaleza misteriosa y dinámica del despertar espiritual. Así como no podemos ver el viento pero podemos percibir sus efectos, el Espíritu Santo trabaja dentro y entre los creyentes, guiándolos hacia la transformación y la comprensión. Esto sirve como recordatorio de la influencia divina que impulsa el despertar y la necesidad de receptividad a las verdades espirituales.

-

6. ¿Qué revela la afirmación "Mi Padre y yo somos uno" acerca de la relación entre los creyentes y Dios?

- **Respuesta:** Esta afirmación pone de relieve la relación íntima y unificada entre Jesús y Dios, que sirve como modelo para la relación que los creyentes están invitados a tener con lo divino. Sugiere que a través de la resurrección y el despertar espiritual, los creyentes pueden experimentar una unidad similar con Dios, alineando sus vidas con Su propósito y encarnando Su imagen en el mundo. Esta unidad fomenta un sentido de pertenencia e identidad arraigado en el amor y el propósito divinos.

-

7. ¿Por qué es significativo que los hombres encuentren la señal del nacimiento pero no al hombre nacido dos veces?

- **Respuesta:** El descubrimiento de la señal (el bebé envuelto en pañales) sin el hombre nacido dos veces subraya el tema de reconocer la verdad espiritual sin comprenderla por completo. Destaca que, si bien las señales y los símbolos pueden llevarnos a las verdades divinas, la experiencia real de la resurrección y el despertar va más allá de las meras señales. Esto significa que la verdadera comprensión y transformación ocurren a través de la experiencia y la revelación personal, en lugar de solo a través de indicadores externos.

SEGUNDO ACTO

El segundo acto poderoso desvela el misterio de la paternidad y la Hermandad del Hombre. El Hombre encuentra a David, de fama bíblica, y descubre que la naturaleza y la misión de David son espirituales, no físicas ni históricas.

"He encontrado a David.... Él clamará por mí: Tú eres mi Padre, mi Dios y la Roca de mi salvación.

SAL. 89:20, 26

"Tú eres mi hijo, hoy te he engendrado.

PS 2:7

"Nadie sabe quién es el Hijo, sino el Padre, ni quién es el Padre, sino el Hijo, y aquellos a quienes el Hijo quiera revelárselo.

LUCAS 10:22

"Él les dijo: ¿Cómo pueden decir que el Mesías es hijo de David? Porque el mismo David... le llama "Señor": ¿cómo, pues, puede ser hijo de David?

LUCAS 20: 41-44

David en el espíritu le llama "Padre mío". Cuando el "Mesías", "imagen del Dios invisible", se forme en el hombre, ese hombre encontrará a David y David le llamará Padre. Finalmente, todos los hombres dirán a David "Tú eres mi hijo, hoy te he engendrado" (Sal. 2:7), y todos conocerán la Paternidad y la Hermandad del Hombre.

"Felipe le dijo: 'Señor, muéstranos al Padre y no te pedimos más'. Respondió Jesús: ¿He estado todo este tiempo contigo, Felipe, y todavía no me conoces? El que me ha visto a mí, ha visto al Padre. Entonces, ¿cómo puedes decir: Muéstranos al Padre? ¿No crees que yo estoy en el Padre y el Padre en mí?

JUAN 14: 8-10

PREGUNTAS Y RESPUESTAS DE REFLEXIÓN

1. ¿Qué significa reconocer la naturaleza y la misión de David como espirituales y no físicas o históricas?

- **Respuesta:** Reconocer la naturaleza y la misión de David como espirituales sugiere que su vida y su legado trascienden los meros acontecimientos históricos y los logros físicos. Destaca la importancia de comprender a las figuras bíblicas no sólo en sus contextos terrenales sino también en sus papeles como arquetipos de verdades espirituales. Esta perspectiva anima a los creyentes a buscar significados más profundos en las historias de las Escrituras y a encontrar conexiones entre estas figuras y sus propios viajes espirituales.

-

2. ¿Cómo el concepto de paternidad en el Salmo 2:7 enriquece nuestra comprensión de la relación de Dios con la humanidad?

- **Respuesta:** El concepto de paternidad en el Salmo 2:7 resalta la naturaleza íntima y personal de la relación de Dios con la humanidad. Sugiere que los creyentes están invitados a un vínculo familiar con Dios, caracterizado por el amor, la guía y la identidad. Esta relación implica que cada persona tiene un valor y un propósito inherentes como hijo de Dios, lo que fomenta un sentido de pertenencia y responsabilidad de vivir de acuerdo con los principios divinos.

-

3. ¿Qué importancia tiene la declaración de Jesús en Lucas 10:22 para entender la relación entre el Padre y el Hijo?

- **Respuesta:** La declaración de Jesús en Lucas 10:22 subraya el conocimiento único y exclusivo que comparten el Padre y el Hijo, lo que ilustra la profundidad de su relación. Sugiere que comprender a Dios no es un mero ejercicio intelectual, sino una experiencia relacional que requiere la revelación del Hijo. Esto resalta la importancia de los encuentros personales con Jesús para llegar a conocer a Dios y anima a los creyentes a buscar una relación más profunda con Él.

-

4. ¿De qué manera el diálogo de Lucas 20:41-44 desafía las nociones convencionales de linaje y autoridad?

- **Respuesta:** El diálogo de Lucas 20:41-44 desafía las nociones convencionales de linaje y autoridad al afirmar que la verdadera identidad y autoridad tienen sus raíces en la realidad espiritual y no en el linaje físico. Jesús señala la paradoja de que David llame al Mesías

"Señor", lo que sugiere que la autoridad espiritual trasciende los lazos terrenales. Esta perspectiva alienta a los creyentes a evaluar su comprensión del poder y el liderazgo a través de una lente espiritual, centrándose en la transformación interior en lugar del estatus exterior.

-

5. ¿Cómo se relaciona la idea de la formación del Mesías en el hombre con el tema más amplio del despertar espiritual?

- **Respuesta:** La idea de que el Mesías se forma en el hombre se relaciona con el tema más amplio del despertar espiritual, al indicar que el verdadero despertar implica reconocer y encarnar la imagen divina en el interior. Este proceso sugiere que, a medida que los individuos despiertan espiritualmente, comienzan a reflejar la naturaleza y el propósito de Cristo en sus vidas. Destaca el poder transformador del Espíritu al moldear a los creyentes para que sean instrumentos del amor y la gracia de Dios en el mundo.

-

6. ¿Qué significa que todos los hombres eventualmente llamen a David "mi hijo" en el contexto de la paternidad y la hermandad?

- **Respuesta:** El hecho de que todos los hombres terminen llamando a David "mi hijo" significa el reconocimiento universal de la identidad y el parentesco compartidos bajo Dios. Refleja la idea de que, a través del despertar espiritual, todas las personas pueden llegar a comprender su linaje divino y la conexión entre sí. Este concepto fomenta un sentido de unidad y hermandad, invitando a los creyentes a aceptar sus roles como coherederos en el reino de Dios, promoviendo el amor, la aceptación y el apoyo mutuo entre toda la humanidad.

-

7. ¿Cómo pueden los creyentes encarnar las enseñanzas de Jesús acerca de ver y conocer al Padre en su vida diaria?

- **Respuesta:** Los creyentes pueden encarnar las enseñanzas de Jesús sobre ver y conocer al Padre cultivando activamente una relación con Él a través de la oración, la adoración y el estudio de las Escrituras. Al reflejar el amor, la compasión y la humildad de Cristo en sus interacciones con los demás, pueden servir como vehículos de la presencia de Dios en el mundo. Además, tratar de comprender el carácter de Dios a través de las enseñanzas y acciones de Jesús ayuda a los creyentes a vivir su fe de manera auténtica, demostrando la realidad del amor de Dios a quienes los rodean.

TERCER ACTO

El tercer acto poderoso desvela que la Imagen de Dios es de doble naturaleza.

"Vosotros sois el templo de Dios y el espíritu de Dios habita en vosotros.

1 COR. 3:16

"Y la cortina del templo se rasgó en dos de arriba abajo.

MARCOS 15: 38

"Así que ahora, amigos míos, la sangre de Jesús nos hace libres para entrar con valentía en el santuario por el camino nuevo y vivo que nos ha abierto a través de la cortina, el camino de su carne.

HEB. 10: 19-20

Un rayo parte al hombre en dos desde la parte superior del cráneo hasta la base de la columna vertebral. En la base de su cuerpo seccionado ve "la sangre de Jesús", un charco de oro fundido; sabe que es él mismo; luego, fundiéndose con "la sangre de Jesús", asciende por su columna seccionada en un movimiento serpentino hasta su cráneo. Así se cumple la Escritura:

"Es necesario que este Hijo del Hombre sea levantado como fue levantada la serpiente por Moisés en el desierto".

JUAN 3:14

PREGUNTAS Y RESPUESTAS DE REFLEXIÓN

1. ¿Qué significa ser considerado "templo de Dios" en 1 Corintios 3:16, y cómo influye esto en nuestra comprensión de nosotros mismos?

- **Respuesta:** El hecho de que se nos llame "templo de Dios" indica que cada individuo es una morada sagrada para la presencia divina. Esta comprensión cambia nuestra percepción del yo, de una mera existencia física a un reconocimiento de nuestro valor y propósito inherentes como instrumentos del Espíritu de Dios. Anima a los creyentes a vivir de una manera que honre esta identidad sagrada, fomentando un estilo de vida de santidad, compasión y servicio a los demás.

-

2. ¿Cómo simboliza la ruptura del velo del templo (Marcos 15:38) la eliminación de las barreras entre Dios y la humanidad?

- **Respuesta:** El rasgado del velo del templo simboliza la eliminación de las barreras que separaban a Dios de la humanidad, en particular las restricciones impuestas por la ley y el pecado. Este acto significa que, a través del sacrificio de Jesús, todas las personas tienen ahora acceso directo a Dios, invitándolas a una relación personal e íntima. Enfatiza la idea de la gracia y la invitación abierta a los creyentes a acercarse a Dios con confianza y reverencia.

-

3. ¿De qué manera la imagen de estar "dividido en dos" representa la naturaleza dual de la humanidad?

- **Respuesta:** La imagen de estar "dividido en dos" representa la naturaleza dual de la humanidad, que abarca tanto la dimensión física como la espiritual. Esta división significa el conflicto entre la carne y el Espíritu, y pone de relieve la lucha entre los deseos terrenales y las aspiraciones divinas. Ilustra la necesidad de transformación y sanación, a medida que las personas buscan integrar estos aspectos de sí mismas de una manera que se alinee con el propósito de Dios.

-

4. ¿Qué significado tiene el concepto de "la sangre de Jesús" en el contexto de la transformación personal?

- **Respuesta:** El concepto de "la sangre de Jesús" simboliza la redención, la sanación y la limpieza del pecado. Representa el sacrificio que permite a los creyentes experimentar la transformación y una nueva identidad en Cristo. Al fusionarse con esta sangre, los individuos pueden ascender espiritualmente, abrazando su naturaleza y propósito divinos. Este proceso de transformación refleja el camino del creyente hacia la plenitud y la alineación con la voluntad de Dios.

-

5. ¿Cómo se relaciona la referencia a la serpiente levantada por Moisés (Juan 3:14) con el tema de la salvación y la resurrección?

- **Respuesta:** La referencia a la serpiente levantada por Moisés se conecta con el tema de la salvación y la resurrección al ilustrar la necesidad de mirar a Dios para recibir sanidad y liberación. Así como los israelitas fueron sanados al mirar la serpiente de bronce, los creyentes están llamados a mirar a Jesús, quien fue levantado en la cruz, para recibir sanidad espiritual y salvación. Esta conexión enfatiza la fe en la provisión de Dios como un medio para experimentar la resurrección y la nueva vida.

-

6. ¿Qué significa ascender por la "columna vertebral cortada" en un movimiento serpenteante, y cómo puede esto interpretarse espiritualmente?

- **Respuesta:** Ascender por la "columna vertebral cortada" en un movimiento serpenteante puede interpretarse como un viaje de despertar espiritual y transformación. La columna vertebral representa la conexión entre los reinos terrenal y espiritual, mientras que el movimiento serpenteante significa el proceso de elevarse por encima de las limitaciones físicas y abrazar la plenitud de la vida espiritual. Este ascenso simboliza el movimiento del creyente hacia una comprensión más profunda, la alineación con el propósito de Dios y la encarnación de la naturaleza de Cristo.

-

7. ¿Cómo pueden los creyentes participar activamente en la realización de su identidad como templos de Dios?

- **Respuesta:** Los creyentes pueden participar activamente en la realización de su identidad como templos de Dios cultivando una relación personal con Él a través de la oración, la adoración y el estudio de las Escrituras. Participar en prácticas que promuevan el crecimiento espiritual, como la meditación y la comunión, ayuda a nutrir la presencia del Espíritu Santo en nuestro interior. Además, vivir los valores del amor, la compasión y el servicio refleja el carácter de Dios y honra la santidad de su identidad.

CUARTO ACTO

El cuarto y último acto es expresión de la satisfacción de Dios por su obra.

"Y vio Dios todo lo que había hecho, y he aquí que era bueno en gran manera.

GN. 1:31

De repente, el cráneo del hombre se vuelve translúcido. Encima de él, como flotando, hay una paloma con sus ojos enfocados amorosamente en él.

"Y he aquí que se le abrieron los cielos, y vio al Espíritu de Dios que descendía como paloma, y se posó sobre él; y he aquí una voz del cielo que decía: Este es mi hijo, mi amado, en quien tengo complacencia".

MATEO. 3:16-17

La paloma desciende sobre él y le colma de amor, besando su rostro, su cabeza, su cuello. Estos cuatro poderosos actos, aunque separados en el tiempo por aproximadamente tres años y medio, forman parte de un único conjunto.

Al Cristo resucitado se le confieren -en estas cuatro experiencias místicas y sobrenaturales del hombre- los nombres divinos de Jesús, Padre, Hijo del Hombre, Hijo de Dios.

PREGUNTAS Y RESPUESTAS DE REFLEXIÓN

1. ¿Qué significa cuando Dios declara que su creación es "muy buena" en Génesis 1:31, particularmente en relación con la humanidad?

- **Respuesta:** Cuando Dios declara que su creación es "muy buena", significa el valor y el propósito inherentes de todas las cosas creadas, especialmente de la humanidad. Esta declaración enfatiza que los seres humanos están hechos a imagen de Dios, lo que refleja sus atributos y capacidades. Afirma que cada persona tiene valor y potencial, y anima a los creyentes a reconocer y abrazar su identidad como hijos amados de Dios y administradores de su creación.

-

2. ¿Cómo se relaciona la imagen del cráneo translúcido con el concepto de despertar espiritual y revelación?

- **Respuesta:** La imagen de la calavera translúcida simboliza la claridad y la iluminación, lo que representa un avance en la conciencia espiritual. Indica que se están eliminando las barreras para comprender y experimentar lo divino. Este despertar permite a las personas percibir su verdadera naturaleza y su conexión con Dios, fomentando una relación más profunda que trasciende las limitaciones físicas y las abre a las realidades espirituales.

-

3. ¿De qué manera la paloma que desciende representa la presencia del Espíritu Santo en la vida del creyente?

- **Respuesta:** La paloma que desciende representa la presencia apacible y protectora del Espíritu Santo en la vida del creyente. Simboliza el amor, la paz y la guía, lo que indica que el Espíritu Santo es una fuente de consuelo y empoderamiento. Esta imagen sugiere que los creyentes no están solos en su camino espiritual; cuentan con el apoyo y la conexión divinos, lo que les permite crecer en la fe y encarnar cualidades semejantes a las de Cristo.

-

4. ¿Cómo afirma la voz del cielo la identidad y la misión de Jesús, y qué implicaciones tiene esto para los creyentes?

- **Respuesta:** La voz del cielo que afirma a Jesús como "mi hijo, mi amado, en quien tengo complacencia" enfatiza su identidad divina y su relación única con Dios Padre. Esta afirmación sirve para validar la misión y el propósito de Jesús en la Tierra. Para los creyentes, subraya la importancia de comprender su identidad como hijos de Dios, llamándolos a vivir de acuerdo con Su voluntad y a reconocer su propio potencial para reflejar el amor y la gracia de Cristo en el mundo.

-

5. ¿Qué significa que los cuatro actos poderosos se consideren como partes de un solo complejo?

- **Respuesta:** Considerar los cuatro actos poderosos como partes de un solo complejo implica que cada acto está interconectado y contribuye a una mayor comprensión de la obra de Dios en la humanidad. Esta perspectiva resalta la progresión del despertar espiritual, enfatizando que estas experiencias se construyen unas sobre otras para revelar la plenitud del plan de Dios para la creación y la redención. Anima a los creyentes a ver sus viajes espirituales como una narrativa cohesiva en lugar de eventos aislados.

-

6. ¿Cómo pueden los nombres divinos conferidos a Cristo (Jesús, Padre, Hijo del Hombre, Hijo de Dios) informar la comprensión que tiene un creyente de su relación con Dios?

- **Respuesta:** Los nombres divinos que se le dieron a Cristo revelan la naturaleza multifacética de Dios y su relación con la humanidad. Ilustran que Jesús encarna la plenitud de la presencia y el propósito de Dios, y sirve como modelo para los creyentes. Comprender estos nombres ayuda a los creyentes a comprender sus propias identidades y roles dentro de la familia de Dios, alentándolos a aceptar su llamado a vivir como reflejos de Cristo en el mundo, llevando a cabo su misión de amor y servicio.

-

7. ¿De qué maneras pueden los creyentes experimentar el "amor sofocante" del Espíritu Santo en su vida diaria?

- **Respuesta:** Los creyentes pueden experimentar el "amor sofocante" del Espíritu Santo a través de momentos de oración, adoración y compañerismo. Participar en prácticas como la meditación, la reflexión y el servicio comunitario puede crear espacios para encontrar el amor de Dios. Reconocer la presencia del Espíritu tanto en momentos ordinarios como extraordinarios alienta a los creyentes a estar en sintonía con Su guía y a vivir de una manera que refleje Su amor y compasión hacia los demás.

CONCLUSIÓN

La Resurrección es una experiencia personal única; es por definición la resurrección de Cristo. Aunque la resurrección en sí no se describe en ninguna parte de las Escrituras, representa el punto central de la fe cristiana. Marca la división entre esta era y aquella en la que se rompe incluso la ley de la muerte -donde ya no se muere, donde todos son iguales a los ángeles, hijos no ya de este mundo sino de aquel mundo, de Dios y de la resurrección: es una nueva creación.

Convertirse en otro es extinguirse, es morir. En este sentido, Dios murió por el hombre.

"Era en forma de Dios... pero se despojó a sí mismo, tomando forma de siervo, hecho semejante a los hombres" (Flp 2, 6-7).

Dios se hizo hombre para que el hombre pueda llegar a ser Dios.

"Doy mi vida, para recibirla de nuevo. Nadie me la ha robado; la entrego por mi propia voluntad. Tengo derecho a entregarla y tengo derecho a recuperarla".

JUAN 10: 17-18

Después de la Resurrección, el hombre vuelve a leer en las Escrituras antiguas insinuaciones y prefiguraciones de la verdad tal como él la experimentó.

"En el papel del libro está escrito de mí.

SAL. 40:7

"¿No os dais cuenta de que Jesucristo está en vosotros?

2 COR. 13:5

Cristo no podía "salir" del hombre en el que no existía.

"Han sacado al Señor del sepulcro, y no sabemos dónde lo han puesto... porque aún no sabían (es decir, no entendían) la Escritura, que era necesario que resucitara de entre los muertos.

JUAN 20: 2, 9

Uno de los hombres del sepulcro encontró a "El Niño", el signo del nacimiento sobrenatural "pero a éste no lo vieron" (Lucas 24:24), el hombre que nació sobrenaturalmente. Ha resucitado! ha nacido de nuevo dijo:

"pero estas palabras les parecieron a los otros un cuento vano, y no las creyeron".

LUCAS 24: 11

Resucitar es "llevar la imagen del hombre del cielo" (1 Co 15, 49). No hay pérdida de identidad, pero sí una discontinuidad radical de la forma.

"Él transformará nuestro cuerpo humilde para que sea semejante (lit. de una forma con) su cuerpo glorioso
FIL. 3:20-21

El deseo primigenio de Dios "Hagamos al hombre a nuestra imagen" está madurando hasta su hora señalada. Y

"No os corresponde a vosotros saber los tiempos ni las sazones que el Padre ha fijado con su propia autoridad".
HECHOS 1:7

"La visión tiene su hora señalada;
madura, florecerá;
si tarda, espera
porque es segura, y no tardará.
HABAKKUK 2:3

La historia sagrada de Israel, tal como está registrada en el Antiguo Testamento, es una historia completamente profética que Dios lleva a su clímax y cumplimiento en Jesucristo en ti.

"El Señor de los ejércitos ha jurado:
Como lo he planeado
así será,
y como lo he propuesto
así será.
ISAÍAS 14:24

Las promesas de Dios, tanto tiempo acariciadas como capullos en el árbol de su propósito en desarrollo, florecerán -en cuatro poderosos actos- en Cristo en ti. La fuerza plena de esta verdad puede perderse porque usted no es consciente de ninguna ruptura repentina con el pasado. Ha sucedido algo nuevo. Has nacido de nuevo.

"Confesamos que es grande el misterio de nuestra religión.

1 TIMOTEO 3:16

Todo lo que está escrito en las Escrituras sobre Jesucristo está escrito sobre el Hombre.

"Y cuando llegaron al lugar que se llama la Calavera, allí lo crucificaron

LUCAS 23:33

El "sepulcro excavado en la roca, donde nadie había sido puesto jamás". (Lucas 23:53) es el cráneo del hombre.

Y

"si hemos estado unidos a él en una muerte como la suya, ciertamente estaremos unidos a él en una resurrección como la suya.

ROM. 6:5

He relatado mi propia experiencia para que conozcas la verdad sobre el misterio cristiano: el mensaje de la salvación tal como yo mismo lo he experimentado.

La imagen divina se desvela en esta serie de acontecimientos sobrenaturales que evocan la respuesta de asombro y maravilla. La experiencia personal debe sellar la verdad de las Escrituras.

Dios está enterrado en el cráneo del hombre. Su nombre es YO SOY. Despertará en el cráneo del hombre. Saldrá del cráneo del hombre y nacerá de nuevo. Dios se hizo hombre para que el hombre pueda convertirse en Dios.

Jesucristo es la verdadera identidad de todo hombre.

"Y ahora, ve y escríbelo delante de ellos en una tabla, e inscríbelo en un libro, para que sirva de testimonio perpetuo en los tiempos venideros.

ISAÍAS 30:8

Las citas bíblicas en "ROMPE LA CÁSCARA" son de la King James, Revised Standard Versions, la NEW English Bible y Moffatts.

PREGUNTAS Y RESPUESTAS DE REFLEXIÓN

1. ¿Qué significa que la Resurrección sea una "experiencia personal única" que significa la resurrección de Cristo?

- **Respuesta:** La Resurrección como "experiencia personal única" enfatiza la naturaleza íntima y transformadora del evento para cada creyente. Significa que la resurrección de Cristo no es sólo un evento histórico sino también una realidad presente en la vida de los individuos. Este despertar personal permite a los creyentes experimentar el renacimiento espiritual, encarnando la esencia de Cristo y participando en la nueva creación que Él inició.

-

2. ¿Cómo se relaciona la idea de que "convertirse en otro es extinguirse a sí mismo" con el concepto cristiano de identidad?

- **Respuesta:** Esta idea resalta la paradoja de la abnegación y la transformación en la fe cristiana. Abrazar una nueva identidad en Cristo requiere a menudo abandonar viejas formas de pensar y de vivir. Esto hace eco del llamado a morir a uno mismo para vivir en Cristo, permitiendo que Su vida se manifieste en el interior. Refuerza la noción de que la verdadera identidad no se encuentra en el egocentrismo sino en la relación con Dios y los demás, que en última instancia conduce a la realización y al propósito.

-

3. ¿De qué manera el concepto de "nacer de nuevo" desafía las concepciones convencionales de la identidad y la existencia?

- **Respuesta:** El concepto de "nacer de nuevo" desafía la idea convencional de que la identidad es fija y está determinada por experiencias pasadas o etiquetas sociales. En cambio, presenta la idea de que la identidad es dinámica y tiene sus raíces en el renacimiento espiritual. Esta nueva identidad se define por la relación de uno con Cristo, quien transforma y redefine a los individuos, permitiéndoles participar en una realidad divina que trasciende las limitaciones terrenales.

-

4. ¿Cómo constituye la Resurrección un punto de inflexión en la relación entre la humanidad y Dios?

- **Respuesta:** La Resurrección es un momento crucial que restablece la conexión entre la humanidad y Dios. Rompe el poder del pecado y de la muerte, ofreciendo a los creyentes un camino hacia una nueva vida y la reconciliación. Este acto significa la victoria final de Dios sobre las fuerzas que separan a la humanidad de Él, brindando la seguridad de la vida eterna y el cumplimiento de las promesas de Dios. Invita a los creyentes a entrar en una relación caracterizada por la gracia, el amor y la transformación.

-

5. ¿Qué papel juegan las Escrituras en la comprensión del significado de la Resurrección?

- **Respuesta:** Las Sagradas Escrituras sirven como texto fundacional que revela la narrativa del plan de Dios para la humanidad, que culmina en la Resurrección. Nos brindan información sobre la naturaleza de Dios, el propósito de la vida y la muerte de Cristo y las implicaciones para los creyentes. Comprender la Resurrección a través de las Sagradas Escrituras permite a las personas verla como parte de una historia profética más amplia que cumple las promesas de Dios y las invita a una comprensión más profunda de su fe y su relación con Dios.

-

6. ¿Por qué es esencial reconocer que "Dios está enterrado en el cráneo del hombre"?

- **Respuesta:** Reconocer que "Dios está enterrado en el cráneo del hombre" resalta la conexión íntima entre Dios y la humanidad. Sugiere que el potencial divino y la capacidad de transformación residen dentro de cada persona. Este reconocimiento fomenta una conciencia de la sacralidad de la vida y alienta a las personas a buscar el despertar de su verdadero yo en relación con Dios. Destaca que el camino de la fe consiste en descubrir y hacer realidad la imagen divina que existe en nuestro interior.

-

7. ¿Cómo pueden las experiencias personales de fe y transformación validar las verdades encontradas en las Escrituras?

- **Respuesta:** Las experiencias personales de fe y transformación sirven como testimonios poderosos que afirman las verdades que se encuentran en las Escrituras. Estas experiencias dan vida a las enseñanzas de la Biblia, demostrando su relevancia y aplicabilidad en contextos del mundo real. Cuando las personas tienen un encuentro personal con Dios, pueden relacionarse con las Escrituras de una manera más profunda, lo que les permite comprender y encarnar el mensaje de salvación y gracia en sus propias vidas, mejorando así su camino de fe.

TEMAS CLAVE

LA RESURRECCIÓN COMO DESPERTAR ESPIRITUAL PERSONAL

Sostiene que la resurrección no es un mero acontecimiento histórico vinculado a la vida de Jesucristo, como se interpreta tradicionalmente, sino una experiencia individual y mística que tiene lugar en el interior de cada persona. El concepto de resurrección de Goddard desplaza el foco de atención de un acontecimiento físico futuro a una transformación interna que tiene lugar en la mente.

Según Goddard, esta resurrección marca el momento del despertar espiritual, cuando una persona toma plena conciencia de su verdadera identidad divina. En lugar de ser un acontecimiento externo, la resurrección ocurre dentro de la conciencia del individuo. Este despertar representa la comprensión de que la naturaleza esencial de uno es divina y que las limitaciones impuestas por la identidad humana son meras ilusiones. Las enseñanzas de Goddard sugieren que toda persona está destinada a experimentar esta resurrección, pero ocurre de forma individual, en momentos diferentes de la vida de cada persona, como parte de su viaje espiritual.

Esta interpretación redefine la visión religiosa tradicional de la resurrección. Mientras que muchas doctrinas religiosas enmarcan la resurrección como un acontecimiento futuro, a menudo al final del tiempo o de la historia, Goddard subraya que es una experiencia accesible en el momento presente. Cree que una vez que un individuo despierta a su yo divino a través de esta resurrección interior, puede experimentar una profunda transformación en su comprensión de la realidad. Esta resurrección personal es, para Goddard, la clave para liberar el potencial de cada uno como cocreador de su vida, íntimamente conectado con la fuente divina.

Al enseñar que la resurrección es una experiencia presente e individual, Goddard rompe con el pensamiento religioso convencional, instando a los creyentes a buscar en su interior la revelación divina que las enseñanzas tradicionales asocian con un futuro lejano. Anima a sus lectores a buscar este despertar místico como el camino hacia la verdadera liberación espiritual y la autorrealización.

-

LA IMAGEN DIVINA EN EL HOMBRE

Destaca que cada individuo lleva en sí mismo la imagen de Dios, aunque permanezca oculta a la conciencia ordinaria. Según Goddard, esta imagen divina no es una idea abstracta o simbólica, sino que representa la naturaleza verdadera y eterna de la humanidad, que es inherentemente semejante a Dios. El viaje de la vida, tal y como se describe en sus enseñanzas, consiste en desvelar y reconocer esta imagen oculta a través de una serie de actos espirituales.

Estos actos espirituales son la clave de la interpretación que Goddard hace de la existencia humana. Cree que la vida no es un mero proceso de supervivencia o logro material, sino un profundo viaje hacia el interior destinado a realizar la propia identidad divina. La imagen divina se revela gradualmente a medida que el individuo atraviesa etapas de despertar espiritual, a menudo marcadas por experiencias místicas y una profunda transformación personal. Cada paso de este viaje acerca al individuo a la comprensión de su unidad con Dios y el universo.

Goddard afirma que reconocer esta imagen divina dentro de uno mismo es el verdadero propósito de la vida humana. Este proceso de autorrealización no es pasivo; requiere un esfuerzo consciente y una exploración profunda del propio mundo interior. A través de la imaginación, la autorreflexión y la conciencia espiritual, las personas pueden empezar a descubrir la esencia divina que reside en su conciencia. Goddard enseña que esta imagen de Dios dentro del hombre es la fuente de todo poder creativo, lo que significa que, a través del reconocimiento y la alineación con esta imagen divina, las personas pueden dar forma y transformar su realidad.

Al enmarcar la vida como un viaje para revelar lo divino en el interior, Goddard desafía los puntos de vista tradicionales que a menudo sitúan la divinidad como algo externo o distante. En cambio, hace hincapié en el papel del individuo en este proceso de descubrimiento y transformación, sugiriendo que el crecimiento espiritual es la revelación de la imagen divina que ya está presente en el interior. La realización de esta verdad conduce a una comprensión más elevada de la existencia y alinea a la humanidad con su naturaleza divina, que, según Goddard, es el objetivo último del desarrollo espiritual.

-

LA IMAGINACIÓN COMO FUERZA CREADORA

Para Goddard, la imaginación es mucho más que un simple ejercicio mental o una ensoñación: es el verdadero mecanismo que da forma al mundo y a las experiencias personales. Enseña que la imaginación tiene el poder de hacer surgir cualquier cosa del reino invisible del pensamiento al reino visible de la experiencia, lo que la convierte en la fuerza motriz de toda creación.

Goddard afirma que los seres humanos no son observadores pasivos de la vida, sino cocreadores activos con Dios. A través de su imaginación, participan en el proceso continuo de creación, moldeando su realidad de acuerdo con sus pensamientos, creencias y suposiciones. Este punto de vista desplaza la responsabilidad de las circunstancias de la vida de los factores externos al funcionamiento interno de la mente. Según Goddard, lo que una persona imagina y cree constantemente se manifestará en su mundo exterior, lo que significa que las personas tienen la capacidad de moldear su destino mediante el uso concentrado de la imaginación.

Este tema coincide con ideas modernas como la ley de la atracción y el pensamiento positivo, según las cuales la energía y los pensamientos atraen a la vida las experiencias correspondientes. Al igual que los defensores de la ley de la atracción, Goddard insiste en que los pensamientos no son neutrales, sino que tienen poder creativo y determinan las condiciones de la vida. Sin embargo, el enfoque de Goddard profundiza en las dimensiones místicas y espirituales de este concepto, proponiendo que la imaginación es la herramienta divina dada a la humanidad para cumplir su papel de cocreadora con Dios.

En opinión de Goddard, la imaginación permite a las personas salvar la distancia entre sus deseos y su realidad. Goddard anima a la gente a "vivir en el final", es decir, a imaginar y experimentar emocionalmente sus deseos como si ya se hubieran cumplido. De este modo, se alinean con la realidad que desean crear y el mundo exterior acaba por ajustarse a su visión interior.

Las enseñanzas de Goddard sobre el poder de la imaginación desafían los puntos de vista convencionales que sitúan la creación y el control de la realidad en manos del destino, la suerte o las fuerzas externas. En su lugar, ofrece una visión en la que los individuos poseen el poder creativo dentro de sí mismos, haciendo de la imaginación no sólo una facultad mental, sino la clave para desbloquear lo divino y manifestar una vida alineada con sus más altas aspiraciones.

\-

UNIDAD CON DIOS

Según Goddard, la humanidad no está separada de Dios, como podrían sugerir muchas enseñanzas religiosas tradicionales, sino que es inherentemente una con Él. Esta unidad con Dios no es algo que deba alcanzarse en el futuro o en la otra vida, sino algo que ya está presente dentro de cada individuo, a la espera de ser realizado a través del despertar espiritual. Goddard enseña que la realización última de esta verdad se produce cuando un individuo despierta al conocimiento de que "Yo y mi Padre somos uno" (Juan 10:30).Esta profunda afirmación representa el pináculo de la comprensión espiritual en su filosofía. El despertar a la propia identidad divina no es sólo intelectual, sino una experiencia profundamente mística, en la que el individuo reconoce su unidad esencial con Dios. Esta toma de conciencia conlleva un cambio total de conciencia, ya que el individuo supera la ilusión de la separación y comienza a comprender que, en esencia, es tanto divino como humano.

Este tema de la unión mística con Dios constituye el núcleo de las enseñanzas de Goddard. Explica que el despertar espiritual es el proceso a través del cual uno toma conciencia de su verdadera naturaleza, descubriendo que no es meramente un yo individual y limitado, sino una expresión de lo divino. El individuo no es sólo una creación de Dios, sino una manifestación directa de su esencia, dotada de poder creativo y de la capacidad de modelar su realidad a través de la imaginación.

Para Goddard, esta unidad con Dios es la culminación del viaje espiritual. La experiencia humana está diseñada para conducir a cada persona hacia esta realización última, en la que trasciende el ego y las falsas creencias sobre la separación, abrazando su identidad divina.

En este estado de unidad, el individuo ya no ve a Dios como una fuerza externa, sino como parte integrante de su ser, participando plenamente en el plan divino.

Esta unión mística representa el nivel más alto de realización espiritual en el marco de Goddard. Es el momento en que el individuo se da cuenta de que no sólo está hecho a imagen de Dios, sino que es uno con Dios. Esta realización transforma su comprensión de la vida, el propósito y el poder, abriendo la puerta a una vida vivida en alineación con la voluntad divina, la creatividad y la libertad última.

-

LOS CUATRO ACTOS DE LA REVELACIÓN DIVINA

Neville Goddard estructura el documento en torno a cuatro actos fundamentales de revelación divina, que sirven como hitos clave en el viaje espiritual hacia la realización de la imagen divina de Dios en el hombre.

Estos actos representan el desarrollo de profundas experiencias espirituales que revelan la verdadera naturaleza de la humanidad y su conexión inherente con lo divino. Según Goddard, estos actos no son acontecimientos aislados, sino etapas interconectadas que guían a los individuos a través del proceso de despertar espiritual, cada una de las cuales se apoya en la otra para profundizar en la comprensión de su lugar en el plan divino.

1.Resurrección

El primer acto, la resurrección, marca el comienzo del despertar espiritual. Para Goddard, la resurrección no es un acontecimiento futuro o algo que ocurre sólo después de la muerte física, sino un acontecimiento místico que ocurre dentro del individuo durante su vida. La resurrección, en este sentido, se refiere al momento en que un individuo despierta a su verdadera identidad divina, dándose cuenta de que no es meramente humano, sino una manifestación de Dios. Este despertar ocurre dentro de la mente y a menudo se experimenta como un profundo cambio interno de conciencia. Es el punto de partida para desvelar la imagen de Dios dentro del hombre, donde el individuo comienza a comprender su naturaleza divina más profunda.

2. Descubrimiento de la filiación divina (simbolizada por David)

El segundo acto consiste en el descubrimiento de la filiación divina, simbolizada por la figura bíblica de David. En esta etapa, el individuo se da cuenta de que no sólo es una creación de Dios, sino un hijo de Dios, que posee una relación directa e íntima con lo divino. Goddard utiliza a David como símbolo de esta filiación, representando el vínculo espiritual entre el individuo y Dios. Este acto revela la conexión eterna e inquebrantable entre Dios y la humanidad, y David simboliza la herencia divina del individuo. Es a través de esta realización que el individuo llega a comprender su papel como hijo y heredero del poder creador de Dios.

3. Ascensión espiritual

El tercer acto es la ascensión espiritual, que representa una mayor elevación de la conciencia a medida que el individuo avanza hacia una mayor unidad con Dios. Goddard describe este acto como una ascensión de la columna vertebral y la mente, que simboliza la elevación de la energía espiritual y la conciencia a un estado superior del ser. Esta ascensión no es sólo simbólica, sino que se experimenta como un proceso místico en el que el individuo trasciende las limitaciones de su existencia física, obteniendo una visión más profunda de la naturaleza de lo divino y de su lugar en ella. A través de esta ascensión, el individuo se acerca a la plena realización de su unidad con Dios, despojándose de viejas creencias y entrando en un nuevo estado de conciencia.

4.Aprobación divina (simbolizada por la paloma)

El acto final de la revelación divina es la aprobación divina, simbolizada por el descenso de la paloma. En este acto, el individuo experimenta un momento de confirmación divina, en el que siente directamente la aprobación y el amor de Dios. La paloma, símbolo de paz y pureza espiritual, desciende sobre el individuo, marcando la culminación del viaje del despertar. Este acto significa que el individuo se ha alineado plenamente con la voluntad de Dios y ha sido aceptado en la unidad divina. Es un momento de profunda realización espiritual, en el que la transformación del individuo es reconocida y bendecida por Dios. La aparición de la paloma simboliza el paso final en la realización de la imagen divina, ya que el individuo es ahora plenamente consciente de su unidad con lo divino y de su lugar en el gran orden cósmico.

Estos cuatro actos -resurrección, filiación divina, ascensión espiritual y aprobación divina- no son acontecimientos separados, sino que forman parte de un proceso continuo de evolución espiritual. Juntos, forman el marco a través del cual un individuo avanza hacia el objetivo último de la autorrealización y la unidad con Dios. Como describe Goddard, cada acto representa una capa más profunda de comprensión, que guía al individuo hacia una revelación completa de la imagen de Dios en su interior. A través de estas experiencias místicas, el individuo llega a reconocer que es tanto humano como divino, cumpliendo su papel en el plan divino y abrazando su poder creativo como co-creador con Dios.

-

SIMBOLISMO DE DAVID

Neville Goddard presenta a David como un poderoso símbolo de la filiación divina, central en su interpretación mística de las Escrituras. A diferencia de las interpretaciones religiosas tradicionales que ven a David principalmente como una figura histórica o un rey de Israel, Goddard utiliza a David como un arquetipo espiritual que representa la relación entre Dios y la humanidad. En este marco, encontrar a David dentro de uno mismo significa la realización del propio papel como hijo de Dios, despertando a una conexión espiritual más profunda con lo divino.

Para Goddard, el significado de David va mucho más allá de los relatos bíblicos de heroísmo, realeza y batalla. Por el contrario, David encarna al hijo espiritual que reside dentro de cada individuo, a la espera de ser reconocido. El descubrimiento de David dentro de uno mismo marca un momento crucial en el camino del despertar espiritual. Representa el punto en el que el individuo se da cuenta de su herencia divina, comprendiendo que no son meras creaciones de Dios, sino que son, de hecho, hijos de Dios, dotados de potencial y propósito divinos.

Este simbolismo de David desafía los puntos de vista religiosos convencionales al desplazar la atención de las interpretaciones externas e históricas de los personajes bíblicos a una comprensión interior y mística. Goddard presenta a David no como una figura distante del pasado, sino como una parte esencial del viaje espiritual de toda persona. Las referencias bíblicas a David no se ven sólo como registros históricos, sino como relatos metafóricos que ilustran el proceso de evolución espiritual y el despertar de la conciencia divina dentro de cada individuo.

Al encontrar a David en su interior, el individuo descubre la verdad de su filiación divina y se da cuenta de que comparte el poder creativo y la esencia de Dios. Esta comprensión es crucial en las enseñanzas de Goddard, ya que redefine la identidad y el propósito del individuo. En lugar de verse a sí mismos como seres separados, distantes de lo divino, quienes reconocen a David en su interior comprenden que están unidos a Dios, poseyendo la autoridad espiritual y la fuerza creativa que conlleva esta relación.

Además, el papel de David como hijo de Dios en el simbolismo de Goddard sirve de guía para el viaje espiritual. Al igual que David es retratado como el hijo amado en las Escrituras, también el individuo toma conciencia de su lugar especial en el orden divino. Esta conexión espiritual eleva la comprensión del individuo sobre el propósito de la vida y su relación personal con Dios.

Al utilizar a David como símbolo, Goddard transforma la narración bíblica en un viaje profundamente personal y místico. David, en esta interpretación, no se limita a las páginas del Antiguo Testamento, sino que vive dentro de cada individuo como símbolo de la filiación divina, a la espera de ser descubierto. Esta reimaginación de los personajes bíblicos como arquetipos del crecimiento espiritual invita a los lectores a comprometerse con la

Biblia a un nivel más profundo y personal, viéndola como un reflejo de su propio viaje interior hacia el despertar espiritual y la unidad con Dios. A través de la figura de David, Goddard subraya que el camino hacia la autorrealización y la identidad divina no es externo, sino que se encuentra dentro del corazón y la mente de cada persona.

\-

RENACIMIENTO ESPIRITUAL Y NUEVA CREACIÓN

Neville Goddard describe el renacimiento espiritual como una transformación profunda y literal que tiene lugar en el interior del individuo y que marca la transición de una percepción ordinaria y limitada de la vida a la conciencia de su naturaleza eterna y divina. Este renacimiento espiritual no es simplemente una metáfora, sino una experiencia mística en la que el individuo experimenta una completa transformación interior, despertando a una nueva realidad de existencia. Goddard subraya que este renacimiento es esencial para entrar en el reino divino, donde el individuo adquiere plena conciencia de su identidad eterna y divina.

Uno de los acontecimientos simbólicos que Goddard utiliza para ilustrar esta transformación es la rotura del cráneo, que describe como un momento místico y significativo durante el proceso de renacimiento espiritual. La rotura de la calavera representa la ruptura de viejas creencias, limitaciones y la ilusión de separación de Dios. A través de esta ruptura simbólica, el individuo emerge a un nuevo estado de conciencia, libre de las restricciones del mundo material y plenamente consciente de su esencia divina. Estas imágenes dramáticas subrayan la intensidad y profundidad de la transformación espiritual de la que habla Goddard, comparándola con el nacimiento de una nueva creación.

Esta nueva creación está estrechamente vinculada al concepto de resurrección en las enseñanzas de Goddard. La resurrección, como él explica, no es un acontecimiento físico, sino un despertar espiritual que se produce durante la vida del individuo. Es el momento en el que el individuo se da cuenta de su origen divino y de su unidad con Dios. El renacimiento espiritual, por tanto, es un proceso necesario que permite al individuo ascender desde las limitaciones de la experiencia humana y entrar en el reino divino, donde comprende plenamente que su verdadera naturaleza es eterna y semejante a Dios. Para Goddard, el renacimiento espiritual es un acontecimiento transformador que reconfigura todos los aspectos de la existencia del individuo. Es el momento en que la identidad anterior, arraigada en las preocupaciones materiales y los deseos impulsados por el ego, da paso a una nueva conciencia arraigada en la conciencia divina. Este renacimiento permite al individuo trascender el mundo ordinario y experimentar la vida desde una perspectiva superior, en la que ya no está atado por el miedo, la muerte o la limitación. En su lugar, renace en un estado de comprensión divina, donde se reconoce su naturaleza eterna y se alinea plenamente con su propósito como co-creador con Dios.

Este proceso de renacimiento espiritual también se considera un retorno a la verdadera esencia del individuo, la imagen divina que había estado oculta en su interior. A medida que experimentan esta transformación, comienzan a encarnar las cualidades divinas que siempre habían estado presentes pero no realizadas. Mediante el renacimiento espiritual, entran en una nueva realidad en la que viven desde un lugar de poder divino, creatividad y vida eterna.

En el marco de Goddard, esta nueva creación no es sólo una transformación personal, sino también parte de un plan cósmico más amplio. El renacimiento espiritual de cada individuo contribuye al despliegue del propósito de Dios para la humanidad en su conjunto, conduciendo a un despertar colectivo en el que todos están unidos en su naturaleza divina. El acto de renacer, por tanto, es a la vez profundamente personal y universalmente significativo, pues simboliza la creación continua de lo divino en cada individuo y en el mundo en general.

El concepto de Goddard de renacimiento espiritual y nueva creación subraya la necesidad de esta transformación como camino hacia la realización de la propia identidad divina. Es a través de este renacimiento que el individuo despierta a su naturaleza eterna, trasciende las limitaciones de la existencia terrenal y entra de lleno en el reino divino, donde experimenta la vida como una expresión de la voluntad y creatividad eternas de Dios.

-

LA LEY DE LA ASUNCIÓN

Esta ley se basa en el principio de que todo lo que un individuo asume como cierto, con convicción y sentimiento, se manifestará inevitablemente en su realidad. Goddard enfatiza el poder de la suposición como la clave para crear las circunstancias de la propia vida, donde los pensamientos y las emociones, cuando se alinean con un resultado deseado, tienen la capacidad de traer ese resultado a la existencia.

Goddard enseña que el sentimiento del deseo cumplido es crucial en el proceso de manifestación. Explica que no basta con pensar o desear algo; el individuo debe encarnar el estado emocional de haber alcanzado ya su deseo. Al asumir que su deseo ya se ha realizado, el individuo alinea su consciencia con la realidad deseada, creando efectivamente las condiciones necesarias para que llegue a existir. Este proceso es interno, ocurre dentro de la mente y el corazón del individuo, pero tiene profundos efectos en el mundo externo.

La Ley de la Suposición subraya la creencia de Goddard de que los pensamientos, los sentimientos y las suposiciones dan forma a la realidad. Afirma que las circunstancias externas de un individuo son un reflejo directo de su estado interno de conciencia. Por lo tanto, para cambiar la realidad exterior, la persona debe cambiar primero sus suposiciones internas. Si alguien asume continuamente el fracaso, la carencia o la limitación, esas condiciones persistirán. Por el contrario, si asume el éxito, la abundancia y la plenitud, esas experiencias se manifestarán en su vida. De este modo, la ley responsabiliza al individuo de la creación de su realidad.

Un aspecto crítico de la Ley de la Suposición en las enseñanzas de Goddard es que evita la necesidad de validación o evidencia externa. El individuo no necesita esperar pruebas en el mundo físico antes de asumir su estado deseado. En su lugar, se le anima a vivir como si su deseo ya se hubiera cumplido, confiando en que el mundo exterior acabará por ajustarse a su convicción interior. Esta práctica de vivir en el estado final del deseo cumplido es esencial para el método de manifestación de Goddard.

Además, la Ley de la Suposición revela la comprensión de Goddard del poder creativo de la mente. Enseña que la mente, a través de la imaginación y la creencia, actúa como co-creadora con Dios, dando forma tanto a las experiencias individuales como a la realidad más amplia. Al elegir deliberadamente qué asumir, los individuos ejercen su poder inherente para moldear sus vidas según sus deseos. Esta concepción del papel de la mente en la creación vincula estrechamente la obra de Goddard con los conceptos del pensamiento positivo y la ley de la atracción, aunque él la aborda desde una perspectiva más espiritual y mística.

La Ley de la Suposición en las enseñanzas de Goddard anima a los individuos a ser intencionales sobre lo que suponen que es verdad, reconociendo que sus suposiciones influyen directamente en el curso de su vida. Les capacita para ir más allá de los sentimientos de impotencia o victimismo, ofreciéndoles un método claro para tomar el control de su realidad cambiando sus pensamientos y emociones para alinearlos con los resultados deseados. A través de este proceso, Goddard enseña que las personas pueden manifestar sus deseos más profundos, no sólo mediante el esfuerzo externo, sino aprovechando la fuerza creativa de su propia conciencia.

-

INTERPRETACIÓN MÍSTICA DE LAS ESCRITURAS BÍBLICAS

Neville Goddard ofrece una interpretación mística de las Escrituras bíblicas, desafiando las lecturas convencionales al sugerir que las historias y figuras de la Biblia no son meros relatos históricos, sino más bien representaciones alegóricas del viaje espiritual interior experimentado por cada individuo. El planteamiento de Goddard replantea la Biblia como un texto profundamente personal y simbólico, en el que cada narración, personaje y acontecimiento sirve para ilustrar etapas del despertar espiritual y la realización de la propia naturaleza divina.

Uno de los ejemplos más sorprendentes de la interpretación mística de Goddard es su lectura de la crucifixión en el Gólgota, comúnmente entendido como el lugar físico donde Jesús fue crucificado. En el marco de Goddard, el Gólgota -traducido como "el lugar de la calavera"- no es sólo un lugar físico, sino una metáfora de la mente. Enseña que la crucifixión representa el momento del despertar espiritual que se produce en la conciencia del individuo. El "lugar de la calavera" simboliza la mente o la sede del pensamiento humano, y la crucifixión en sí refleja el momento en que el individuo muere a sus viejas y limitadas creencias sobre sí mismo y el mundo.

Esta muerte del falso yo conduce a la resurrección: el nacimiento de una nueva conciencia, en la que uno se da cuenta de su verdadera identidad divina.

El enfoque que Goddard da a las Escrituras va más allá de la interpretación literal que suele encontrarse en las enseñanzas cristianas tradicionales. En su lugar, revela verdades espirituales más profundas ocultas en el texto bíblico, invitando a los lectores a ver la Biblia como una guía para comprender su propio desarrollo espiritual. En esta lectura mística, personajes como Jesús, David, Moisés y otros son vistos no sólo como figuras históricas, sino como arquetipos que representan aspectos de la experiencia interior del individuo. Por ejemplo, Jesús representa la conciencia de Cristo que existe dentro de cada persona, a la espera de ser despertada mediante el renacimiento espiritual. David simboliza la filiación divina, y Moisés encarna el viaje de autodescubrimiento y liberación de las creencias limitantes.

Al interpretar la Biblia a través de una lente mística, Goddard descubre los temas universales de la transformación, la autorrealización y el despliegue del potencial divino dentro de cada individuo. Las historias de la Biblia se convierten en alegorías del proceso de crecimiento interior. Por ejemplo, el Éxodo de Egipto se considera un viaje simbólico en el que se deja atrás la esclavitud de la ignorancia y el miedo para entrar en la tierra prometida de la iluminación espiritual. Del mismo modo, las parábolas de Jesús se ven como lecciones espirituales destinadas a guiar a los individuos hacia la comprensión del poder de su propia imaginación y fe para dar forma a su realidad.

La interpretación mística que Goddard hace de las Escrituras desafía a los lectores a ir más allá de una comprensión superficial de los textos bíblicos y a comprometerse con ellos a un nivel más personal y transformador. Anima a las personas a verse a sí mismas en los relatos bíblicos, comprendiendo que los acontecimientos descritos son reflejos de su propio camino espiritual hacia la unidad con Dios. Esta perspectiva mística subraya que el mensaje último de la Biblia es el de la autorrealización: el despertar a la verdadera identidad divina y al poder creativo de cada uno. Desde este punto de vista, la lectura que Goddard hace de las Escrituras se convierte en una herramienta de fortalecimiento espiritual. Al interiorizar los significados alegóricos de los relatos bíblicos, las personas pueden empezar a experimentar las verdades espirituales que encierran. Este enfoque místico ofrece una nueva forma de interactuar con las Escrituras, en la que la atención se desplaza de los acontecimientos y personajes externos al viaje interior del alma hacia la conciencia divina. Las enseñanzas de Goddard transforman así la Biblia en un texto vivo que sigue hablando directamente a las aspiraciones espirituales de quienes buscan realizar su unidad con Dios.

-

EL PAPEL DE LA EXPERIENCIA PERSONAL

Sostiene que los misterios de la vida, la resurrección y la revelación divina no pueden captarse únicamente mediante el estudio intelectual o la doctrina religiosa.Por el contrario, deben experimentarse de primera mano a través de encuentros personales directos con lo divino.Este tema recorre todas las enseñanzas de Goddard, diferenciándolas de las visiones religiosas tradicionales que suelen dar prioridad a los rituales externos, el dogma y las prácticas religiosas formales.

Goddard insiste en que la verdad espiritual no es algo que pueda transmitirse plenamente con palabras o estudiarse en libros.Aunque las escrituras y las enseñanzas religiosas ofrecen orientación y conocimientos, en última instancia son indicadores simbólicos de realidades más profundas que deben ser vividas y experimentadas por el individuo. Para él, el camino hacia la verdadera comprensión implica un proceso de transformación interior, en el que uno va más allá del conocimiento teórico hacia un estado de despertar espiritual que sólo puede venir de la experiencia personal y mística.

Uno de los aspectos clave de la insistencia de Goddard en la experiencia personal es su enfoque de la resurrección como un acontecimiento místico que sucede en el interior del individuo. En lugar de considerar la resurrección como un acontecimiento histórico o algo que se consigue después de la muerte, Goddard enseña que es un proceso interno de despertar que ocurre en la mente y el espíritu del individuo. Esta resurrección no es algo que uno pueda comprender intelectualmente a través del estudio; debe sentirse y experimentarse como una realidad personal. Esta creencia en la primacía de la experiencia directa diferencia sus enseñanzas de las doctrinas cristianas más tradicionales, que suelen hacer hincapié en la importancia de la fe en los acontecimientos históricos y la adhesión a prácticas religiosas externas. El hecho de que Goddard se centre en la experiencia personal también subraya su rechazo de los rituales formales y la autoridad externa como vías hacia la verdad espiritual. Quita importancia a la religión institucionalizada, sugiriendo que el verdadero crecimiento espiritual procede del interior del individuo, no de la adhesión a costumbres religiosas o a las enseñanzas de líderes religiosos. Para Goddard, el mundo interior del individuo -sus pensamientos, imaginación y emociones- es donde tiene lugar la verdadera transformación espiritual. Se anima al individuo a confiar en sus propias experiencias y percepciones mientras busca descubrir lo divino dentro de sí mismo. Este énfasis en la experiencia personal y mística también lleva a Goddard a centrarse en el poder de la imaginación y la ley de la suposición, donde se enseña a los individuos a utilizar su imaginación para experimentar el cumplimiento de sus deseos como si ya hubiera sucedido. Al asumir la sensación de que su deseo se ha cumplido, los individuos crean las condiciones para que se manifieste en sus vidas. Esta práctica no es un mero ejercicio intelectual, sino una experiencia emocional profunda que transforma el mundo interior del individuo y provoca cambios externos en su realidad. A través de este marco, Goddard eleva la importancia de la autoexploración y la experiencia interior como claves para desentrañar las verdades espirituales. Sugiere que cada persona es capaz de tener encuentros directos con lo divino, y que estas experiencias personales son más valiosas y transformadoras que cualquier enseñanza o práctica religiosa externa. Este punto de vista invita a los individuos a asumir un papel activo en su viaje espiritual, haciendo hincapié en que no necesitan intermediarios, instituciones religiosas o autoridades doctrinales para acceder a la sabiduría divina. En su lugar, el camino hacia la verdad se encuentra en sus propias experiencias interiores.

Las enseñanzas de Goddard dan prioridad a la experiencia mística personal sobre el estudio intelectual y los rituales externos. Desafía a los individuos a comprometerse con su propia realidad interior, utilizando la imaginación y la asunción como herramientas para despertar a su identidad divina. Este enfoque en la experiencia directa como fuente de comprensión espiritual coloca la responsabilidad del crecimiento y la transformación directamente en el individuo, haciendo de la experiencia personal la vía central para descubrir y vivir la verdad espiritual.

CONCLUSIÓN

Resumen De Los Principios Clave:

En resumen, "Rompe La Cáscara" de Neville Goddard presenta un viaje espiritual en el que la imagen divina dentro del hombre se desvela a través de un proceso de resurrección, realización y unión final con Dios. Las enseñanzas enfatizan que a través de la imaginación y la autoconciencia, los individuos pueden alinearse con su naturaleza divina y manifestar la realidad que desean. El mensaje central de Goddard es que la imaginación crea la realidad y que despertar a la verdadera identidad como manifestación de Dios es el camino hacia la transformación personal.

PLAN DE ACCIÓN PARA LA APLICACIÓN DIARIA

1. Practica la visualización:
- Reserva un momento cada día para imaginar vívidamente tus deseos como si ya se hubieran cumplido. Concéntrate en los detalles y las emociones asociadas con el resultado deseado. Esto fortalece la conexión entre el pensamiento y la realidad, en consonancia con la enseñanza de Goddard de que la imaginación es la base de la creación.

2. Afirma tu identidad divina:
- Recuerda con regularidad tu conexión innata con lo divino. Utiliza afirmaciones como "YO SOY" para reforzar tu comprensión de ser cocreador con Dios. Esto ayuda a construir el sistema de creencias necesario para manifestar tus intenciones.

3. Vive "al final":
- Actúa y piensa como si tus deseos ya se hubieran cumplido. En lugar de centrarte en lo que te falta, adopta la mentalidad de alguien que ya ha alcanzado sus metas. Esto alinea tus emociones y pensamientos con la realidad que deseas crear, un principio clave en las enseñanzas de Goddard.

4. Practique la atención plena a diario:
- Mantente presente y consciente de tus pensamientos, asegurándote de que estén alineados con tus objetivos y deseos. Al practicar la atención plena, puedes mantener una mentalidad positiva y un enfoque claro en tus intenciones, lo que favorece la manifestación.

5. Reflexiona sobre tu despertar espiritual:
- Preste atención a sus experiencias y percepciones personales que reflejen un crecimiento espiritual. Llevar un diario sobre sus manifestaciones y cambios internos puede ayudar a profundizar su comprensión de los principios de Goddard y fomentar un crecimiento continuo.

GLOSARIO DE CONCEPTOS CLAVE

1. Resurrección:
- El despertar espiritual de un individuo, que simboliza la toma de conciencia de su naturaleza divina. No es un acontecimiento físico, sino una transformación interna en la que uno toma conciencia de su verdadera identidad como parte de Dios.

2. Imaginación:
- La fuerza creativa que hay dentro de cada individuo. Goddard enseña que la imaginación es la herramienta a través de la cual creamos nuestra realidad. Al imaginar resultados específicos, los manifestamos en nuestras vidas.

3. Imagen Divina:
- La esencia de Dios en cada ser humano. El camino de la vida, según Goddard, consiste en descubrir esta imagen divina a través del despertar espiritual y la autorrealización.

4. Renacimiento espiritual (Nuevo nacimiento):
- El proceso de "nacer de nuevo" espiritualmente, que ocurre después de despertar a la verdad de la propia naturaleza divina. Este renacimiento significa una nueva comprensión y experiencia de la vida, alineada con el propósito de Dios.

5. Los cuatro actos de Dios:

- Cuatro etapas de despertar espiritual y revelación en las que Dios revela su imagen divina dentro del hombre. Estos actos incluyen la resurrección, la toma de conciencia de la filiación divina, la ascensión y la aprobación divina.

6. David:

- En las enseñanzas de Goddard, David es una figura simbólica que representa la filiación espiritual de la humanidad. Descubrir a David en uno mismo significa reconocer el propio papel de hijo de Dios y cumplir la misión divina.

7. Ley de Asunción:

- El principio de que lo que suponemos que es verdad (en pensamiento y sentimiento) se manifestará en nuestra realidad. Goddard enseña que al asumir el sentimiento del deseo cumplido, lo hacemos realidad.

8. Hijo de Dios:

- El yo realizado, aquel que ha despertado a su identidad divina. Goddard se refiere al "Hijo de Dios" como el estado en el que el hombre reconoce su unidad con Dios.

9. Ascensión:

- La elevación espiritual del individuo a través de la columna vertebral (simbólica o místicamente) hacia un estado superior de conciencia, a menudo vinculado con la realización de la propia naturaleza divina.

10. Atención plena:

- Aunque no es un término directo de las enseñanzas de Goddard, se alinea con su idea de ser consciente de los propios pensamientos y sentimientos y asegurarse de que estén en línea con los propios deseos.

LECTURAS RECOMENDADAS

1. "El poder de la conciencia" de Neville Goddard
Esta es otra de las obras esenciales de Goddard, centrada en cómo la conciencia moldea la realidad. Profundiza en el papel de la conciencia y la imaginación en la manifestación de los deseos y el logro del crecimiento espiritual.

2. "El sentimiento es el secreto" de Neville Goddard
En este libro breve pero profundo, Goddard explica la importancia de las emociones en el proceso de manifestación. Destaca que lo que sientes de manera profunda y constante es lo que atraes a tu vida.

3. "La ley de la atracción" de Esther y Jerry Hicks
Este libro ofrece una perspectiva moderna sobre los principios de la manifestación y el pensamiento positivo, a menudo vinculados con las enseñanzas de Goddard. Explora cómo centrarse en los deseos positivos puede atraerlos a su vida.

4. "Piense y hágase rico" de Napoleon Hill
Un clásico del desarrollo personal, este libro se centra en el poder de la creencia y la visualización para alcanzar el éxito. Los conceptos de Hill sobre el deseo, la fe y la persistencia se alinean con las ideas de Goddard sobre el uso de la imaginación y el pensamiento para dar forma a la realidad.

5. "La ciencia de hacerse rico" de Wallace D. Wattles

Este libro de principios del siglo XX presenta la idea de que el éxito y la riqueza se logran a través de la visualización creativa y el enfoque en la abundancia, ideas que resuenan con la enseñanza de Goddard sobre la imaginación.

6. "El alma liberada" de Michael A. Singer

Este libro ofrece una perspectiva moderna sobre la atención plena, la conciencia y el yo interior, temas que se alinean con el enfoque de Goddard en el despertar de la propia naturaleza divina y la realización del poder personal a través de la conciencia.

7. "Un Curso de Milagros" (Fundación para la Paz Interior)

Este texto espiritual ofrece una exploración profunda de la relación entre la percepción, la realidad y la transformación personal. Sus enseñanzas sobre la mente, el perdón y la paz interior son paralelas al enfoque de Goddard sobre el despertar divino y la autorrealización.

8. "Visualización creativa" de Shakti Gawain

Este libro ofrece consejos prácticos y técnicas sobre cómo utilizar el poder de la visualización y el pensamiento positivo para manifestar deseos, haciéndose eco del enfoque de Goddard sobre la imaginación y la suposición.

9. "El sistema de la llave maestra" de Charles F. Haanel

Un libro fundamental en el movimiento del Nuevo Pensamiento, presenta un enfoque sistemático para desbloquear el potencial personal y atraer el éxito a través de la mente, similar a las enseñanzas de Goddard sobre el uso del pensamiento y la creencia.

CRONOLOGÍA DE LA VIDA DE NEVILLE GODDARD

1905:

- Neville Lancelot Goddard nació el 19 de febrero en St. Michael, Barbados, en el seno de una familia británica. Es el cuarto hijo de una familia de nueve varones y una niña.

1922:

- A los 17 años, Neville se muda a la ciudad de Nueva York para estudiar teatro. Trabaja como actor y bailarín en el escenario y en películas mudas, actuando en Broadway, en películas mudas y haciendo giras por Europa con una compañía de danza.

1923:

- Neville se casa brevemente con Mildred Mary Hughes. Tienen un hijo, Joseph Goddard, nacido en 1924.

1929:

- Neville marca este año como el inicio de su viaje místico. Recuerda una experiencia espiritual: "Fui llevado en espíritu al Consejo Divino donde los dioses conversan".

1931:

- Después de años de estudiar lo oculto, Neville conoce a su maestro Abdullah, un hombre negro con turbante y de ascendencia judía. Trabajan juntos durante cinco años en la ciudad de Nueva York.

1938:
- Neville comienza su propia carrera como docente y conferenciante, compartiendo sus conocimientos místicos.

1939:
- Neville publica su primer libro, A Tus Órdenes.

1940-1941:
- Neville conoce a su segunda esposa, Catherine Willa Van Schumus .

1941:
- Neville publica su segundo libro, Tu Fe es tu Fortuna.

1942:
- Neville se casa con Catherine y tienen una hija, Victoria, más tarde ese mismo año. También publica Libertad Para Todos: una aplicación práctica de la Biblia.

1942-1943:
- De noviembre a marzo, Neville sirve en el ejército y luego regresa a Greenwich Village, Nueva York. En 1943, aparece un perfil suyo en The New Yorker.

1944:
- Neville publica Sentir es el Secreto.

1945:

- Neville publica Plegaria: El Arte De Creer.

1946:

- Neville conoce al filósofo Israel Regardie , quien lo perfila en El romance de la metafísica. También publica un panfleto, La Búsqueda.

1948:

- Neville imparte sus famosas conferencias "Cinco Lecciones" en Los Ángeles, que luego se publican póstumamente como libro.

1949:

- Neville publica Fuera de este Mundo: Pensar en cuarta dimensión.

1952:

- Neville publica El Poder de la Conciencia.

1954:

- Neville publica Imaginación Despierta.

1955:

- Neville comienza a presentar programas de radio y televisión en Los Ángeles.

1956:

- Neville publica Semilla y cosecha: Una visión mística de las Escrituras.

1959:
- Neville experimenta un profundo evento místico, describiéndolo como un renacimiento de su propio cráneo, seguido de otras experiencias místicas.

1960:
- Neville lanza un álbum de palabra hablada.

1961:
- Neville publica La Ley y La Promesa. El capítulo final, "La Promesa", detalla la experiencia mística de 1959 y las experiencias posteriores.

1964:
- Neville publica el panfleto Rompe la Cáscara: Una Lección En Las Escrituras.

1966:
- Neville publica su último libro completo, Resurrección, que describe su visión mística y el potencial de la humanidad para realizar su naturaleza divina.

1972:
- Neville muere el 1 de octubre a los 67 años en West Hollywood, al parecer de un ataque cardíaco. Está enterrado en la parcela familiar en St. Michael, Barbados.

ACERCA DE LOS AUTORES

Neville Goddard

Fue un pensador místico profundo e influyente del siglo XX. Sus enseñanzas se centraban en el concepto radical y empoderador de que la imaginación humana es la verdadera manifestación de Dios. Creía que todo en la vida de una persona, ya sea positivo o negativo, es resultado de sus pensamientos, sentimientos y estados imaginativos.

La infancia de Neville estuvo marcada por su crianza en Barbados, donde nació en 1905 en una familia anglicana. A los 17 años, se mudó a la ciudad de Nueva York en 1922 para dedicarse al teatro. Aunque alcanzó el éxito como actor y bailarín, actuando en Broadway y en películas mudas, su vida dio un giro radical a principios de la década de 1930. Dejó atrás su carrera de actor para sumergirse en el estudio de la metafísica.

Bajo la influencia de su mentor, Abdullah, una misteriosa figura de ascendencia africana y judía, Neville comenzó a explorar principios espirituales profundos que combinaban el cristianismo con el misticismo. Se embarcó en una carrera como escritor y conferenciante, utilizando su carisma e intelecto para dar charlas impactantes en iglesias metafísicas, centros espirituales y lugares públicos. Sus enseñanzas se centraban especialmente en el poder del pensamiento y la imaginación como la fuerza creativa suprema.

A pesar de no alcanzar una fama generalizada durante su vida, la influencia de Neville ha crecido significativamente desde su muerte en 1972. Sus obras, en particular sus libros como Sentir Es El Secreto, El Poder De La Conciencia y La Ley y La Promesa, ahora se consideran precursores de las ideas modernas sobre la mecánica cuántica y el poder de la conciencia para dar forma a la realidad.

Las ideas de Neville también han inspirado a pensadores y autores espirituales contemporáneos, entre ellos Carlos Castaneda y Joseph Murphy, quienes desarrollaron temas similares en sus propias obras. Hoy en día, sus enseñanzas son ampliamente consideradas como atemporales y siguen atrayendo a un público cada vez mayor que busca aprovechar el potencial creativo de la mente.

Imaginatio Divina Editorial

Creemos que el poder de la creación reside en cada uno de nosotros. Inspirados por las profundas enseñanzas de Neville Goddard, promovemos la transformación de la vida a través del poder de la imaginación y la conciencia. Nuestra editorial se dedica a publicar obras que revelan la capacidad innata de los individuos para dar forma a su realidad a través del pensamiento consciente y la fe interior. Cada libro, cada palabra, tiene como objetivo guiar a los lectores hacia el descubrimiento de su naturaleza divina y su poder creativo, en línea con la filosofía de que "la imaginación es Dios en acción".